港珠澳大桥是怎样建成的

顾　　问	苏权科　王彦林
编　　写	陈柏华　林阳子
	李德松　肖　俏
绘　　画	刘祥芳
项目支持	林　巍　焦　胜
鸣谢单位	港珠澳大桥管理局
	中交股份联合体项目总经理部

SPM 南方出版传媒

广东科技出版社 | 全国优秀出版社

·广州·

图书在版编目（CIP）数据

工程师爸爸写给孩子的信：港珠澳大桥是怎样建成的 / 陈柏华等编写；刘祥芳绘图. — 广州：广东科技出版社，2019.5
ISBN 978-7-5359-7106-7

Ⅰ．①工… Ⅱ．①陈… ②刘… Ⅲ．①跨海峡桥－桥梁工程－广东－普及读物 Ⅳ．①U448.19-49

中国版本图书馆CIP数据核字(2019)第086362号

■ 感谢广州市科学技术协会对本书出版的支持。

工程师爸爸写给孩子的信：港珠澳大桥是怎样建成的
Gongchengshi Baba Xiegei Haizi de Xin Gangzhuao Daqiao shi Zenyang Jiancheng de

出 版 人：朱文清
策划编辑：李旻
责任编辑：李旻　李芹
特邀编辑：姚芸
装帧设计：友间文化
责任校对：杨崚松
责任印制：彭海波
出版发行：广东科技出版社
　　　　　（广州市环市东路水荫路11号　邮政编码：510075）
http：//www.gdstp.com.cn
E-mail：gdkjyxb@gdstp.com.cn（营销）
E-mail：gdkjzbb@gdstp.com.cn（编务室）
经　　销：广东新华发行集团股份有限公司
印　　刷：广州市岭美文化科技有限公司
规　　格：889mm×1 194mm　1/16　印张4.25　字数100千
版　　次：2019年5月第1版
　　　　　2019年5月第1次印刷
定　　价：68.00元

扫一扫，更精彩

广东科技出版社

广东科技出版社
天猫旗舰店

致小读者

2018年10月23日上午，国家主席习近平亲自宣布："港珠澳大桥正式开通!"习主席指出，港珠澳大桥是国家工程、国之重器。它的建设创下多项世界之最，非常了不起，体现了一个国家逢山开路、遇水架桥的奋斗精神，体现了我国的综合国力和自主创新的能力，体现了勇创世界一流的民族志气。这是一座圆梦桥、同心桥、自信桥、复兴桥。

这座世界总体跨度最长、钢结构桥体最长、海底沉管隧道最长的超级大桥，跨越伶仃洋，东接香港特别行政区，西接广东省珠海市和澳门特别行政区，是公路建设史上技术最复杂、施工难度最高、工程规模最庞大的桥梁。

大桥主体工程集桥、岛、隧于一体，面临诸多世界级技术挑战，包括海中快速成岛、隧道基础处理与沉降控制、隧道管节沉放对接、大规模工厂化制造、海上埋置式承台施工、水下结构止水、超长钢桥面铺装、交通工程系统集成等。

2003—2009年六年的时间里，工程师们完成了前期的调查研究。

2010—2018年九年的时间里，全国各地的建设精英云集伶仃洋，历经艰苦卓绝的奋斗，用智慧和汗水浇注了这一举世瞩目的超级工程，在浩瀚伶仃洋上谱写了中国桥梁建设的崭新诗篇。

港珠澳大桥是祖国改革开放四十年繁荣发展的缩影，彰显了"中国制造"的实力；丰硕的科研创新成果是工程

师等建设者们智慧的结晶；粤港澳三方共建是国家团结发展的见证。

中国工程师们的智慧，必将随着"港珠澳大桥"这张展示我国基础设施建设实力的"新名片"和"一带一路"的实施而走向世界。

十多年来，数以万计默默无闻的大桥建设者们抛家离子，他们并肩战斗，在漫长的岁月里一点一滴地铸就了今日的辉煌，却因工作需要无法照顾家中的亲人，在此谨以《工程师爸爸写给孩子的信——港珠澳大桥是怎样建成的》一书，献给随着大桥建设成长起来的孩子们。

更重要的是，希望此书能够激发更多的孩子对科学的兴趣，这个兴趣会引导孩子自觉去获取知识，成长为未来的创造者、开拓者。不是每个孩子将来都要成为科学家或工程师，但是整个民族在各行各业里都应该富有勇于创新的精神，这对个人成长和国家发展具有深远的影响。

我们期待通过《工程师爸爸写给孩子的信——港珠澳大桥是怎样建成的》一书，带动更多的青少年讲科学、爱科学、学科学、用科学，激发青少年的科学兴趣，引导创新思维发展，希望能有更多的青少年感受到科学创新的魅力，同时也激发广大青少年的爱国热情，增强民族自豪感，将来为实现中华民族伟大复兴的中国梦贡献力量。

最后，愿孩子们和你们的爸爸妈妈都喜欢这本科普绘本。

港珠澳大桥管理局总工程师

苏权科

2019年5月

一起来了解港珠澳大桥主体工程建设情况

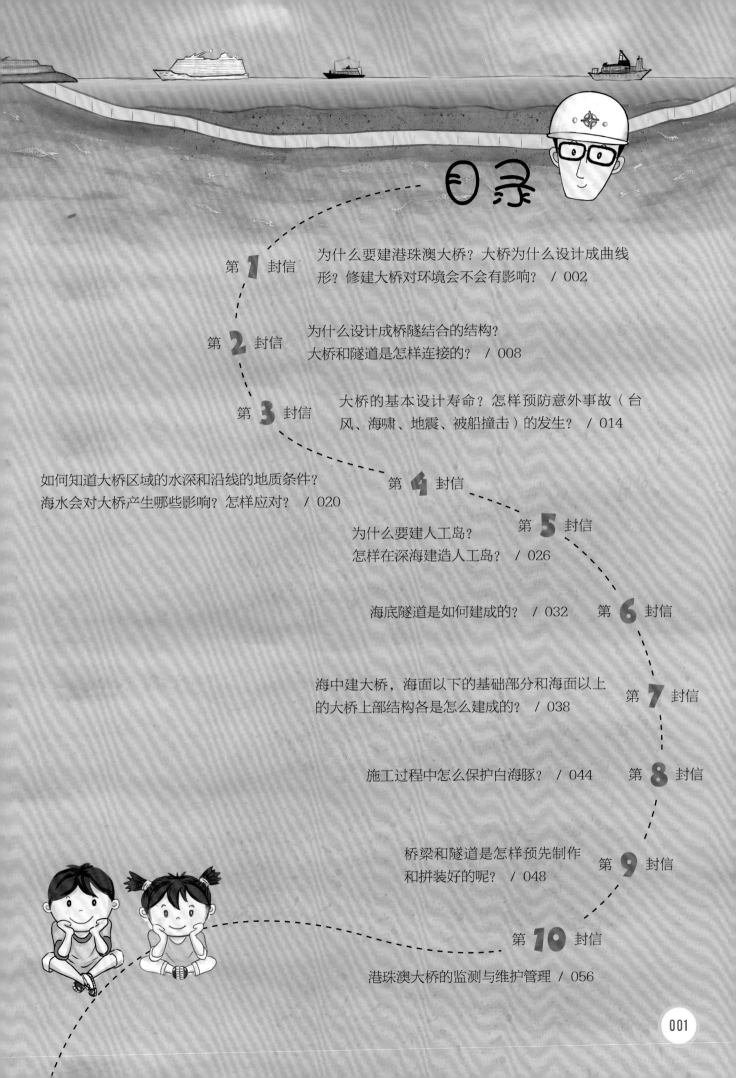

目录

第 **1** 封信

虎门大桥

为什么要建港珠澳大桥？大桥为什么设计成曲线形？修建大桥对环境会不会有影响？

珠

亲爱的丁丁和宁宁：

　　我已经基本适应了珠海的生活。

　　这里的空气很好，

　　阳光灿烂的时候很多，

　　只是少了你俩的叽叽喳喳，

　　我觉得冷清了不少。

　　不过，静下来的日子，

　　我打算用笔记录下大桥建设的点点滴滴，

　　不仅仅是记录下这段我人生中的重要经历，

　　更是为了你们——我深爱的宝贝。

　　我希望00后的你们，

　　还能够在数字化的今天，

　　感受到家书的温暖。

蛇口

江

九洲港码头　　西人工岛　　东人工岛

港珠澳大桥

珠海

澳门

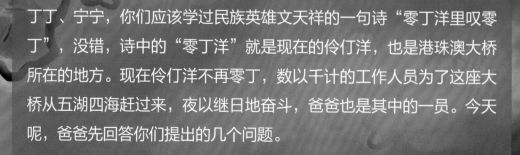

丁丁、宁宁，你们应该学过民族英雄文天祥的一句诗"零丁洋里叹零丁"，没错，诗中的"零丁洋"就是现在的伶仃洋，也是港珠澳大桥所在的地方。现在伶仃洋不再零丁，数以千计的工作人员为了这座大桥从五湖四海赶过来，夜以继日地奋斗，爸爸也是其中的一员。今天呢，爸爸先回答你们提出的几个问题。

一、为什么要建港珠澳大桥?

我们先看这张图片,注意香港、澳门、珠海、广州、深圳的位置。香港在珠江的东面,珠海、澳门在珠江的西面。香港的经济、商业和航运相对珠海和澳门来说较发达。由于受珠江阻隔,从珠海、澳门去到香港,开车需要绕行虎门大桥并经过深圳,不堵车的话至少要3个多小时。

虽然也可以坐船去香港,
但水路交通受天气影响较大且时间也较长。
"要想富,先修路",
珠海、澳门为了加快地区经济的发展,
而且香港也需要寻找新的经济增长点,
因此经过多方论证后,
认为有必要尽快建设新的跨海陆路通道,
将香港、澳门和珠海连接起来,
这就有了港珠澳大桥的建设计划。

2004年,港珠澳大桥各项建设前期工作全面启动。
你们知道吗?
那时候爸爸还没参与大桥的工作呢,
可见超级大工程是需要超有耐心的付出的。

二、大桥为什么设计成曲线形？

设计成曲线形是三地政府研讨的结果。

工程可行性研究阶段提出了6个方案，

综合考虑到周边的环境，

要避开船舶锚地，

还有珠江航运远期规划，

以及为了减少水的阻力，

桥形与航道和水流方向要保持垂直，

最后才选择了现在的方案。

丁丁、宁宁，

妈妈给你们买衣服不只是考虑暖不暖和，

或衣服面料怎样，

肯定还要看衣服漂不漂亮，是吧？

同样的，我们国家经济实力强大了，

现在修桥也不再只是为了能通车走路，

也对大桥的颜值有了更高的要求。

单一的直线形使大桥显得呆板，

而且容易让司机叔叔产生疲劳，

这点很重要，

因为疲劳驾驶可能酿成交通事故；

而变化且柔美的曲线则让人感到舒心。

蜿蜒的曲线使大桥富于变化，

给人带来行车的兴奋感，

风景看起来也更美，

甚至在高点处可一览大桥的全貌呢。

以后这个你们肯定有机会体验到的。

至于大桥有多长，这个问题还有点复杂。爸爸给你们画幅图吧。

广

三、修建大桥对环境会不会有影响？

丁丁，你提出的这个问题让爸爸感到欣喜，

你真不愧为"环保小卫士"。

建设新的工程，

难免会对周边的环境造成一定的影响。

就咱这大桥建设来说，

海里桥桩的施工、人工岛的形成、

海底隧道开挖等会导致水体中悬浮物浓度升高，

会对水生生物产生不利影响。

口

海中桥隧工程

野狸岛

K20   K18   K

K22

珠海连接线

K24

K26

珠

珠 海 市

K28

K30

九洲

K32

K34

珠海澳门口岸

澳门半岛

外港

澳门连接线

**澳门
特别行政区**

澳门国际机场

随着大桥施工的结束，

上述不利影响可以逐步改善。

大自然跟人一样，

也是具备一定的自我修复能力的。

而根据科学家的物理模型模拟演示，

大桥的建设对珠江水流的速度、

方向及防洪的影响不大。

九澳湾

路环岛

竹湾

总平面图

伶 洋

内伶仃岛

龙

深水 水道

澳门收载航道

现状铜鼓航道

规划铜鼓航道（预留）

经门正面航道

海底隧道

香港口岸

磨刀

大磨刀

大桥通车后，
目前由船舶运输的货物将由车辆运输替代，
船舶采用柴油发动机，
其带来的污染比汽车尾气大。
所以大桥建成通车后，
港珠澳地区的空气质量不会变差，
这个你们就别担心了。

香港国际机场

K12 K10 K8 K6 K4 K2

香港连接线

大 屿 山

银矿湾

大澳

芝麻湾

贝澳湾

芝麻湾半岛

大浪湾

榕树头航道

小鸦洲

大屿海峡

牛头岛

大鸦洲

索罟群岛

中心洲

亲爱的丁丁和宁宁，
爸爸今天就说这么多。
我开始想象你们看到信时的神态和表情，
嘿嘿。
你们在家不要惹妈妈生气哦。

桂山岛

枕箱岛

小蚰洲 大蚰洲

爱你们的爸爸

007

第 2 封信

为什么设计成桥隧结合的结构？
大桥和隧道是怎样连接的？

亲爱的丁丁和宁宁：

　　妈妈告诉我你们收到我的信时格外惊喜，

　　我完全能想象当时的画面。

　　上封信里说了"为什么要建港珠澳大桥"，

　　既然决定了要建，

　　那前期长时间的调研，

　　在了解了各方面的地质条件、发展规划等信息后，

　　自然就涉及大桥的设计了。

　　作为世界上最长的跨海大桥，

　　为什么不能像其他大桥那样，

　　直接用桥墩将铺好的桥面连接起来，

　　还搞什么"桥、岛、隧"连接，

　　听起来很复杂的样子。

　　那大桥为什么要设计成桥隧结合的结构呢？

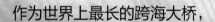

人工岛与香港机场关系图

香港口岸

香港国际机场

西人工岛　　　　东人工岛

大屿山

大澳

你们看上面这张图，
先找到香港国际机场以及两个人工岛
（人造岛屿简称人工岛）的位置。
东人工岛距香港机场跑道最近约5千米。
西人工岛距香港机场跑道最近约11千米。

▲这张图能清晰地看到飞机离地面（人工岛）有多近。

为确保飞机起降安全，地面构筑物高度
不能超过规定要求，即航空限高。
大桥在东人工岛航空限高为80米，
西人工岛航空限高约为200米，
另外，东、西人工岛之间的航道船行密度大，
并且将来还有30万吨的超大型船舶进出珠江。
如果东、西人工岛之间也建成桥梁，
桥面高度要超过80多米，
在海中80多米高的桥面开车非常不安全，
6千米长的桥梁也要增加不少桥墩，
桥墩会阻碍船舶顺畅航行。

因此，
为了同时满足航道船行要求和机场航空限高要求，
设计师们提出在主航道修建海底隧道，
也就相当于把这一段桥改成隧道深埋在海床里面，
这样飞机、船舶、汽车就可以在适合自己的道路上顺畅、安全地通行啦，
这就是为什么大桥最终设计成桥隧结合的结构了。

这是香港航空高度限制等直线平面图。

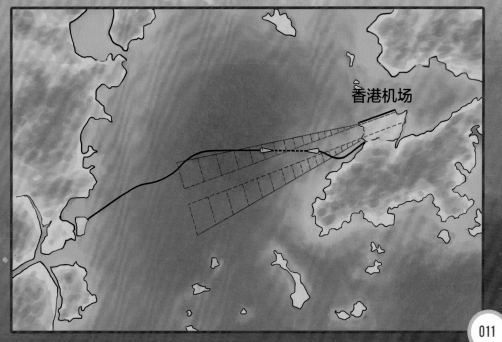

香港机场

那么，大桥和隧道是如何连接的呢？

丁丁、宁宁，

你们找一个大盆装一半的水，

将你们的积木拼成桥的样子放进盆里，

桥面露出水面，

接下来另外找一段积木当作隧道沉在盆底，

你们试试怎样可以将露出水面的桥和埋在水里的隧道连接起来呢？

是不是需要一个连接部位呢？

同样的，

在茫茫大海中间水面上的大桥要和水底下的隧道连接起来，

必须通过一个重要的连接枢纽，

前面提到的人工岛就担负着桥隧连接的重任。

简单地说，

是将桥梁直接架设到人工岛上，

同时隧道也从海底连接到人工岛上，

人工岛上再修好路，

一边接隧道，

另一边连接上桥梁。

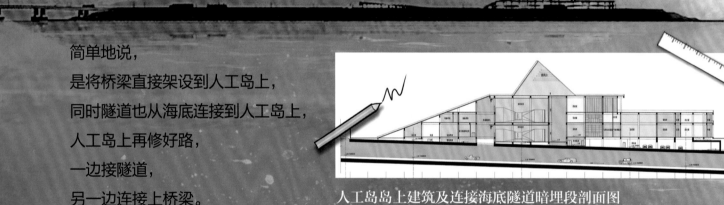

人工岛岛上建筑及连接海底隧道暗埋段剖面图
——西人工岛，车在建筑下面进入海底隧道

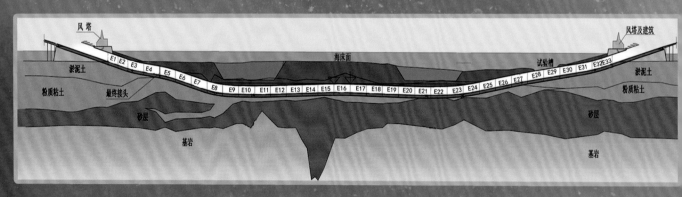

海底隧道剖面图，一共有33个管节，编号E1~E33

连接海底隧道的接口——人工岛暗埋段，以及
连接到人工岛的桥梁钢管复合桩基础正在施工

第一个E1沉管隧道正在与人工岛暗埋段对接施工中

西人工岛桥隧转换效果图　　东人工岛桥隧转换效果图　　连接到人工岛的桥梁（栏杆和路灯还未安装）

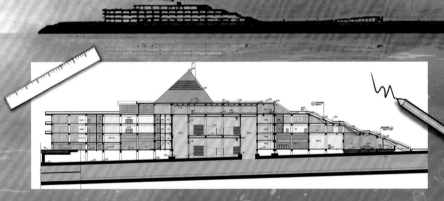

人工岛岛上建筑及连
接海底隧道暗埋段剖
面图——东人工岛

亲爱的丁丁和宁宁，

这些图片你们都能看明白吗？

爸爸希望你们学会看图，

因为会看图、看懂图在生活中用处可大了，

如果有看不明白的可以问下妈妈。

今天写到这里。晚安，宝贝们。

爱你们的爸爸

已经建成的人工岛连接桥梁和隧道的敞开段

第 **3** 封信

大桥的基本设计寿命？怎样预防意外事故（台风、海啸、地震、被船撞击）的发生？

亲爱的丁丁和宁宁：

　　妈妈告诉我说你们收到我的信时非常开心，宁宁看不懂还会追着哥哥和妈妈问个不停，对我拍的工程照片和设计图片反反复复地研究。我非常惊喜你们对爸爸的工作这么感兴趣，我会继续寄一些照片给你们的。

　　听妈妈说你们的球鞋已经破了，我买了两双鞋面是草绿色的新球鞋，两双蓝色运动长袜，蓝色和橙色运动服各一套，都是你们喜欢的颜色，希望丁丁继续带宁宁去踢球，把身体锻炼得棒棒的。

　　球鞋穿久了会破，那大桥用久了是不是也会坏呢？大桥的基本设计寿命是多长呢？大桥连接香港、珠海、澳门三个地区，三地的技术标准有差别，澳门和内地建筑设计寿命最长为100年，而香港的为120年，为使大桥建设同时满足三地的要求，按照"就高不就低"的原则确定了大桥的主要技术标准，也就是根据香港地区的建筑设计标准修建大桥，所以我们大桥的基本设计寿命是120年。设计寿命120年不等于只能使用120年哦！只要用好、管好、维护好，大桥是可以使用得更久的。

我国隋朝著名匠师李春设计建造的赵州桥，

已经有1400多年历史了，

它是中国第一石拱桥，

在漫长的岁月中，

虽然经过无数次洪水冲击、冰雪风暴的侵蚀和8次地震的考验，

依旧巍然挺立在河北省石家庄市赵县的洨河之上。

建设中的港珠澳大桥，如果遇到意外事故，比如台风、海啸、地震甚至被船撞击，那怎么办呢？预备的应对措施有哪些呢？

抗台风

箱梁内设减震装置

港珠澳大桥处于台风路径上，登陆和影响大桥的热带气旋十分频繁，设计师通过一系列风洞试验模型（见右图）和计算分析，优化了桥型，减少受风面积，设计大桥能抗16级台风，尽可能使大桥投入使用后因台风所致的振动（在大桥箱梁内设减震装置避免出现共振，见左图）、行车安全的事故处在可控范围内。

港珠澳大桥管理部门在台风来临时规定：

①当风力达到6级时，所有大桥联勤车辆上路，在大桥服务区待命。

②当风力达到7级时，沿线收费站将限制客运车辆、危险化学用品车、中型面包车、大型货车上高速路。

③当风力达到8级以上时，进行交通管制，甚至封闭交通，限制车辆通行。

2018年9月16日，大桥主体工程经受了第22号16级强台风"山竹"的考验，安然无恙，房屋门窗、幕墙、路灯、指示牌都完好无损。

抗地震和海啸

丁丁、宁宁，一两根筷子容易被折断，

但要折断一把筷子就难了，

为避免地震震坏桥墩，

同时提高桥墩防船撞击的能力，

工程师们将桥墩设计为一个巨大的整体，

如下图所示：

为了避免大桥钢桥梁在地震中受到损伤位移或脱落，

在桥墩和桥梁之间采用最新科技材料高阻尼橡胶复合材料减震支座，

地震能量可以由高阻尼橡胶通过分子之间的力进行消散，

从而保护大桥。

桥梁高阻尼减震支座模型

上部桥梁吊装时安装高阻尼减震支座

　　大桥按照预防8级地震的要求进行抗震设计，同时大桥所在的区域在历史上也没有超过4.7级破坏性地震的记载，地质条件也适宜大型桥梁的选址，亦无海啸风险。考虑台风会掀起巨大海浪，对人工岛产生强大的撞击，所以用扭工字块建造防波堤以及设计挡浪墙来保护人工岛，人工岛南侧的挡浪墙高度设计为9米（大约3层楼的高度），足以抵挡台风引起的巨大的海浪。

人工岛扭工字块防波堤及挡浪墙（挡浪墙南侧高9米，北侧高8米）

防撞击

丁丁、宁宁，你们在足球场上踢球的时候，

有没有和小朋友发生过碰撞呢？

一个长得瘦小的孩子，

是不是更容易被另一个长得壮实的孩子撞倒呢？

而且撞人的这个孩子的速度越快，

被撞倒的孩子是不是会摔得越重？

所以，我们修桥的时候，

一方面要把桥修得结实，比如其中的九洲桥

（即跨九洲港航道的桥。港珠澳大桥根据航道名称命名对应的桥段，

除了九洲桥，还有江海桥、青州桥等），

主通航孔两侧的桥墩能够承受船舶对他们的

最大横向撞击力是2910吨。

巨大青州桥承台及墩身在施工中

船舶撞击通航孔桥的主墩瞬间

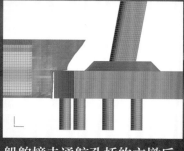

船舶撞击通航孔桥的主墩后
吸能变形

另一方面，修桥时需要考虑撞击的另一个因素——船舶的重量和它的航行速度。以东人工岛和西人工岛之间的伶仃航道为例，可以通过这个航道的船舶最大载重为90万吨，那么，人工岛又是采用怎样的方法来防止撞击呢？答案是：人工岛采用船舶搁浅的方式防止大型船舶撞击。

人工岛	横桥向计算船撞力（吨）
东人工岛	7540
西人工岛	4740

人工岛周围水深10m，采用抛石筑岛的方法防止撞击。在人工岛周围抛砂石，形成水深逐渐变浅的岛。大型船舶失控、偏航撞击时，船舶在人工岛周围搁浅，隧道和人工岛的安全得到保护。通过优化的人工岛坡度设计（如下图所示），避免翻船或船体断裂。

人工岛防止撞击示意图

除了做好前期设计工作，为避免通行的船舶撞击到大桥，我们与广东海事局联动，在东人工岛建筑物顶端和青州桥附近的桥墩布设了VTS雷达站，对大桥区域360°全方位观察，同时在大桥两边设置航标对过往船舶进行监控和引导。

亲爱的丁丁和宁宁，有不明白的地方可以让妈妈和你们一道上网查找了解，今天就写到这里，晚安，宝贝们！

爱你们的爸爸

建设完成的青州桥

第 4 封信 ✉

如何知道大桥区域的水深和沿线的地质条件？
海水会对大桥产生哪些影响？怎样应对？

亲爱的丁丁和宁宁：

听妈妈说宁宁发烧、肚子疼，

在医院做了超声检查，

还抽血化验、打针吃药，

爸爸都快急死了，

恨不得马上回到你们身边。

爸爸给你们说了很多次，

天气冷了踢完球出一身汗要及时更换衣服，

下次一定要注意了。

下面我给你们说说工程师们是如何测量大桥区域水的深度的吧。

像宁宁在医院做超声检查一样，

大桥的工程师们在船上安装回声测深仪，

测深仪探头安装在船舷上，

在大桥区域8千米的范围内，

在海面上按正常测量航速航行。

测量时将测深仪输出的信息与采集数据的计算机相连，

同时船上一种先进的接收机输出的定位数据也和采集数据的计算机相连。

计算机同步采集水深数据和定位数据，

可以让我们更加了解水下地形。

GPS接收机 → 计算机 → 导航屏幕

探测仪

测深作业系统框图

测深系统工作示意图

如何知道大桥区域沿线的地质条件？

像宁宁在医院做抽血化验一样，大桥工程师们在海面上用专业工具（钻探船，钻机，取土器，岩石、土壤、海水试验仪器等）在大桥区域通过钻探抽取海底土壤物质收取样品并进行分析，了解大桥区域地形地貌、地层岩性、地质构造、水文地质、不良地质等问题。了解海底不同深度土层的物理力学性质，基岩（花岗岩）的埋藏深度、岩性、风化程度等，提供基础设计所需的物理力学参数。

施工钻探平台

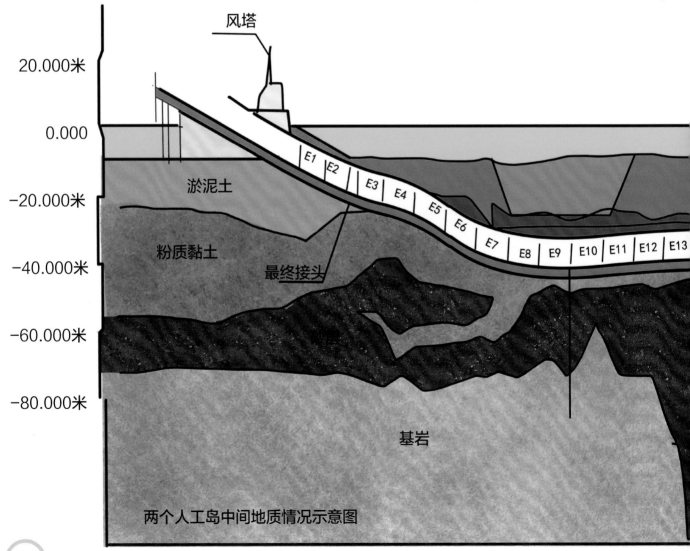

风塔

20.000米

0.000

淤泥土

-20.000米

粉质黏土

最终接头

-40.000米

-60.000米

-80.000米

基岩

两个人工岛中间地质情况示意图

E1 E2 E3 E4 E5 E6 E7 E8 E9 E10 E11 E12 E13

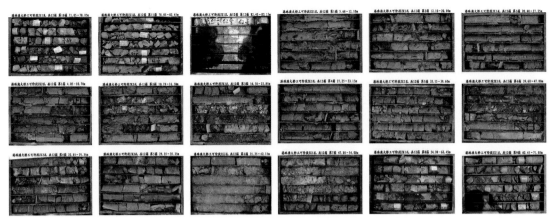

地质钻探取样部分照片

比如两个人工岛之间的地质情况示意图如下所示。两个岛之间土层上部为软土（淤泥土），为该区段内的主要不良地质层，其下为软塑状的粉质黏土（这样的土质条件决定了修隧道时要把上层淤泥挖掉，然后填石块、碎石进行平整，增加承载力），再下层为强透水性的砂层及砾砂层，底层多为微风化花岗岩（基岩）。

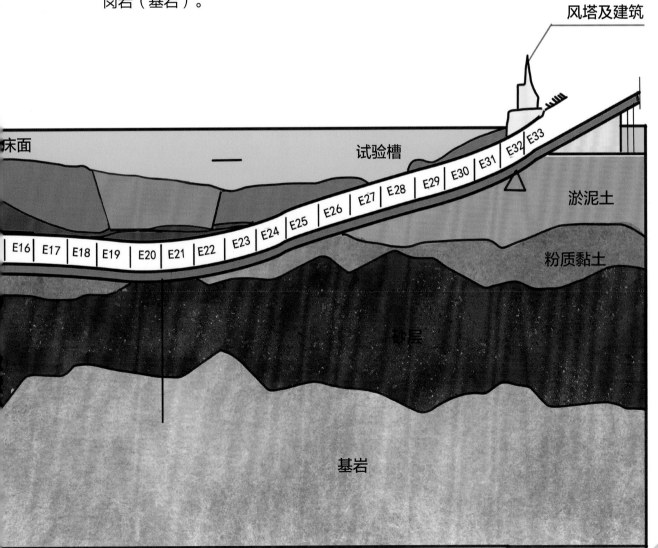

丁丁，家里的不锈钢窗户有的地方生锈了，
你因此担心座落在大海里的港珠澳大桥，
会不会因为海水的作用而锈迹斑斑。
丁丁，你的担忧是有道理的。
一般来说，海水是会对大桥产生不利的影响。
下面先看看其他工程两三年后海水对其影响情况的照片吧！

海洋环境下钢
管桩的腐蚀

桥梁腐蚀情况

　　由于大桥所处的伶仃洋海域，具有气温高、海水含盐度高、空气湿度高等特点，
受海水、海风、潮汐等众多因素影响，自然地理位置及工程结构决定了港珠澳大桥处
于严酷的腐蚀环境中，容易因盐的腐蚀导致钢筋锈蚀。

　　你们看到其他大桥被海水腐蚀的图片，是不是一边感叹大自然的能力，一边又担
心在修的大桥呢？放心吧！工程师们为避免图片中腐蚀情况出现在港珠澳大桥上，因
此除了严格控制原材料外，还采用了
一系列保护措施：使用特殊性能的混
凝土提高耐久性；在混凝土表面涂保
护层，并且增加保护层厚度；采用抗
腐蚀的材料制作钢筋；基础钢管复合
桩为了确保能有70年的防护，钢管
的内外都要涂上厚厚的保护层。

大桥基础采用的钢管复合桩

钢筋加工——环氧防腐　　大桥承台和墩身采用不锈钢钢筋、普通　　桥墩外层不锈钢
　　　　　　　　　　　钢筋+环氧树脂（绿色）防腐涂层　　　　钢筋绑扎施工

桥墩混凝土表面需要喷涂一层硅烷浸渍防腐涂装（像穿了一层防水衣）

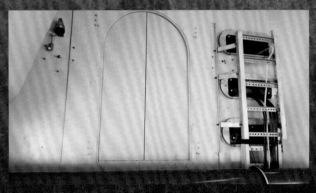

大桥钢箱梁电缆出入口用黑色橡胶封堵，大桥钢梁采用梁内除湿+梁内外防腐涂装的耐久性方案，为保证钢梁内的除湿效果，所有钢梁板件设置的对外孔洞均需进行密封处理

沉管采用自防水高性能混凝土

钢塔采用塔内除湿（钢塔装饰块除外）+塔内外防腐涂装的耐久性方案。为保证钢塔内的除湿效果，所有钢塔板件设置的对外孔洞都要进行密封处理

总之，针对大桥的不同部位，工程师们不仅对原材料严格把关，而且进行了不同的特殊工艺处理，力争实现最好的抗腐蚀效果。

这下，丁丁你是不是可以放心了呢？

好了，宝贝们，已经深夜了，爸爸就写到这吧。

爱你们的爸爸

第 5 封信

为什么要建人工岛？
怎样在深海建造人工岛？

亲爱的丁丁和宁宁：

听说你们用积木搭建的大桥开始修建人工岛了，

哈，两位小工程师加油哦。

爸爸今天跟你们说说我们的人工岛是怎样修建的吧。

人工岛从上空俯瞰，

就像你们听过的"小蝌蚪找妈妈"故事中可爱的小蝌蚪，

别看它们在整个工程中的个头比较小，

但是它们发挥的作用可大着呢！

爸爸在第二封信中说过港珠澳大桥设计成桥隧结合的形式，

而人工岛是连接桥梁和隧道的枢纽，

两个人工岛之间则是隧道。

香港国际机场

港珠澳大桥人工岛位置

西人工岛隧道方向　　　　　　　　　香港桥梁方向

东人工岛隧道和桥梁转换纵剖面

由于在这片海域，没有现成的岛屿可以利用，因此需要靠我们人工填岛。那人工岛修多大好呢？既然人工岛的主要作用是完成桥梁和隧道的转换，因此只要能满足这种转换功能就好了。

人工岛的长度约600多米，
刚好让桥梁和隧道能够完成在岛上的过渡；
刚才说人工岛从空中俯瞰就像个蝌蚪，
它的宽度不规则，
宽的地方也是为了完成桥梁和隧道的连接；
每个人工岛的面积约10万平方米。

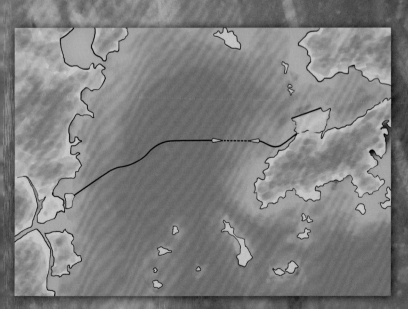

港珠澳大桥俯视图

可是人工岛到底是怎样填起来的呢？
在"精卫填海"的故事里，
精卫变成一只鸟用嘴含着小石子米填海，
我们可不是这样做的哦，
不然填海速度太慢，
而且海水很快就会将小石块冲走，
很难填起来的。
我们建人工岛的过程有点像做慕斯蛋糕，
下面我跟你们详细说说。

第一步，先用挖泥船将海底淤泥挖清。在规划好要修建人工岛的区域，清除海底的淤泥，这个过程就像做蛋糕要先把盘子洗干净，这样建好的人工岛就不会在淤泥上滑来滑去啦。

第二步，海底基槽清理好后，将准备好的巨型钢圆筒通过"超级大锤"振动插入海中，插入泥面21米深，这样人工岛的轮廓就出来了。这个过程类似于我们做蛋糕要有一个模具，这样就能将蛋糕做成不同的形状。不过这个模具很大很大哦，每个钢圆筒重达500吨，丁丁你现在的体重是25千克，一个钢圆筒的重量就相当于20000个你的体重哟。两个岛共使用了120个这样的钢圆筒，单单生产钢圆筒的钢量就够建8.5个法国埃菲尔铁塔了。

钢圆筒组成的人工岛轮廓

在插钢圆筒的同时，要往钢圆筒中注砂，这样钢圆筒就能稳稳当当地站在海里。

海底挖泥清淤

第三步，第三步是和第二步交错进行的。当钢圆筒"手牵手"站成一堵墙时，在每两个钢圆筒之间插入两块半圆弧状的钢板，再往钢板之间注上砂子，而工人们巧妙设计的"智能锁"，让钢圆筒牵手的部位也能挡住水，这样围成一圈的钢圆筒就将海水阻挡在外面了，岛面上是干的，进而工人们可以在人工岛上建房子，以后的游人也可以来岛上旅游。

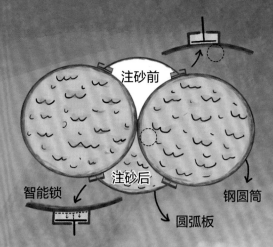

钢圆筒与圆弧板结构俯视图

岛隧结合部合拢

丁丁、宁宁，
你们可别忘了人工岛是用来连接桥梁和隧道的，桥梁从海面上降落到岛的一端，而隧道怎样才能从水下连接到岛的另一端呢？岛隧结合部不能全部用砂填满，因为要预先埋设一段沉管隧道，方便岛和隧道相连通。

第四步，整岛的合拢。

首先用挤密砂桩船对地基进行加固，

这样才能保证人工岛的整体稳定。

然后用运砂船和吹砂船往岛内填砂，

并不需要一下子填满，

因为里面还有很多工作要做。

这个过程类似于我们做蛋糕时加入大量慕斯，

不过不要一下子填满，

因为做蛋糕还有好多内容物或者图案要做呢。

人工岛回填砂

整岛合拢

第五步，岛内地基整平，

以及内部相关设施的建设。

这个过程类似于我们做蛋糕时

将蛋糕的上面抹平，

然后添加一些巧克力、水果进行装饰。

岛内地基整平及相关建设

扭工字块

岛壁施工——用扭工字块建防波堤

海水淹没的地方也有扭工字块，可防止船舶撞击，也便于偏离航道的货轮声呐检测到障碍从而及早更正航道，从而保护埋入海底的沉管段。

第六步，岛壁施工。
整座人工岛的主体工程基本上完成，
但是因为整座岛处于大海之中，
无论是浪流还是台风都是海中常客，
所以必须建防波堤来保护整座岛。
在挖泥船清淤以后，
放置大量的扭工字块在钢圆筒外围，
可以起到很好的消波阻浪效果，
同时也帮助人工岛抵御失控船舶的撞击，
从而减少对岛的破坏。

减弱波浪冲击力

人工岛修好后，工人们可以在岛上建造房子了。

东人工岛

好啦，我们的人工岛建好了，我们的蛋糕也做好了。
丁丁、宁宁，等到你们过生日，我们一起做一个像港珠澳大桥人工岛一样形状的大蛋糕，怎么样？

爱你们的爸爸

第 **6** 封信

海底隧道是如何建成的？

亲爱的丁丁和宁宁：

　　港珠澳大桥有一段位于海底的沉管隧道。你们是不是认为从海底隧道可以看到海底世界里摇曳多姿的珊瑚，五彩斑斓的鱼儿，悠闲自得的海龟？然而，现实并不是这样的，港珠澳大桥海底沉管隧道位于连海里的鱼儿都看不到的位置，是在海床之下。

0.5毫米

使用0.5毫米的纸片
测试距离

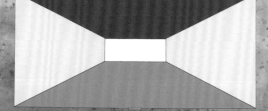

港珠澳隧道中开车的感觉

港珠澳大桥沉管隧道真的很美，

不是海洋的美，而是工学细节的美。

隧道中所有的细微末节都有严格规范要求，

比如隧道两侧的搪瓷钢板间隙，

即便人们看不到，

隧道走线中空管节排线都摆放得整整齐齐。

一起来看看沉管隧道
工程是怎样实现的吧

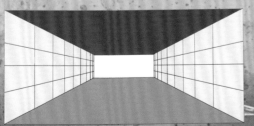

如果面板没贴好或缝隙较大时的感觉

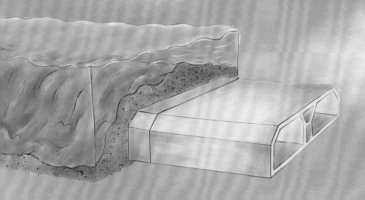

这里说的"深埋"，是指隧道安装以后，上方会逐渐覆盖厚达22米的泥沙土（或者称"回淤物"）

港珠澳大桥海底沉管隧道是目前世界上唯一的深埋沉管隧道。

为什么要深埋呢？

是因为考虑到在今后的120年，

这条隧道的上方要经过非常大的船。

大船的吃水肯定会超过20米，

所以需要将隧道深埋。

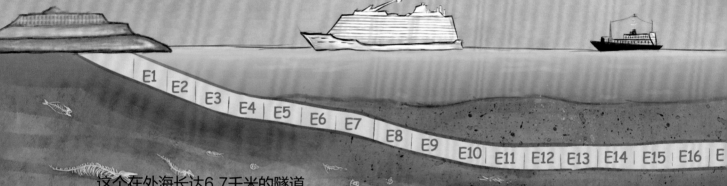

这个在外海长达6.7千米的隧道，

由33节巨型沉管和1个合拢段最终接头组成。

这33节巨型沉管在距离隧道不远的珠海桂山岛预制厂制造完成，

完成后的沉管，标准管节长180米，宽近40米，高11.4米，排水量约7.6万吨。

这样巨型的沉管是怎样运出工厂送到安装位置的呢？

丁丁、宁宁，历史上有位非常有名的科学家，名叫阿基米德，

我们就是利用阿基米德定律来运送这些沉管的。

先在沉管中放置一个空水箱，

借助海水的浮力用船水平地

将沉管拉到下沉处，

然后把空水箱注满水，

利用水箱里水的重力

让沉管下沉到指定位置。

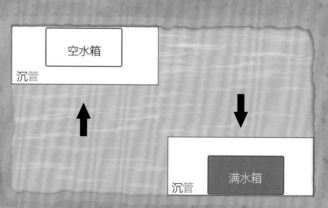

阿基米德定律：浸在液体中的物体受到向上的浮力，浮力的大小等于物体排开的液体所受的重力。

而沉管的安装不是想什么时候安装就什么时候装的，
需要海洋气象局及各个部门单位的配合，
推算出哪月哪天几点到几点是潮汐平静的时间窗口，
此时受月亮引力影响最小，海面最平静，
以及其他条件同时满足的情况下，才能安装沉管。
每次安装的时候，
工程师团队都是连续48小时以上的不休不眠，
因为如果这一次安装不成功，
下一次安装可能要到一两个月以后了。

沉管隧道要完全相通正常都会有一个合拢口，
通常这个合拢口在海上生产完成后，
由多名潜水员潜入水中，观察海底环境进行作业，
潜水员多次反复水下作业，需持续6个月左右。
由于海流和波浪的情况复杂，
再加上海上的交通繁忙，
时间越长潜水员越可能发生生命危险。

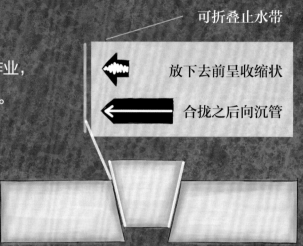

可折叠止水带

放下去前呈收缩状

合拢之后向沉管

临时端封门

主动止水接头　　主体结构

考虑到这些因素，
港珠澳大桥的沉管隧道合拢最终接头没有采用常规的方法，
而是先在岸上做好了有主动止水接头功能的最终接头，
然后再运到合拢处对接，
把约6个月的工期缩短到1天，
而且避免了海底作业人员的风险。

铺设碎石机床　　　　　　安装最终接头

结合腔排水　　　　　　　轴向展开：主动连接与止水

从隧道内进行永久连接施工

说了那么多，爸爸简单总结一下，沉管隧道的创新之处在于：

①所有的沉管和最终接头都是在岸上预制好后再拖入深海安装，这减少了对海洋的污染。

②运用上图所示最终接头处的可折叠止水带。

③该工程开发了无人水下作业系统，做到无人深水可视、可测、可操作，减少了长时间的水下人员作业，也减少了各种风险的发生。

E19　E20　E21　E22　E23　E24　E25　E26　E27　E28　E29　E30　E31　E32　E33

最终接头

人工岛和隧道全线贯通后，
没有发生漏水，
甚至连一滴渗水都没有。
建设中四百多项专利技术的发明，
直接确定了咱们中国沉管隧道技术领军国的地位。

　　丁丁、宁宁，爸爸虽然只是一个参与港珠澳大桥建设的普通工程师，但由衷地为我们所有的建设者感到自豪。不同工种中的每一个人，都认真对待每次工作，有着即便是拧一颗螺丝钉也丝毫不懈怠的匠人精神，我为自己是这样优秀团队的一员而骄傲。

　　丁丁、宁宁，长江后浪推前浪，爸爸相信你们以后会将中国制造推向更远更强。

爱你们的爸爸

第**7**封信

海中建大桥，海面以下的基础部分和海面以上的大桥上部结构各是怎么建成的？

亲爱的丁丁和宁宁：

在前两封信中，爸爸向你们介绍了港珠澳大桥的特别之处——海底隧道和人工岛的建设，今天爸爸就和你们说说大桥桥梁120年使用寿命中的关键——桥梁的基础。

海水

淤泥

粉质黏土，密实砂类土

粉细砂、中粗砂

花岗岩

先来看看大桥所在区域的地质情况：

海水下面是一层像豆腐花一样的淤泥，下一层为豆腐干一样的粉质黏土、密实砂类土，再下层为粉细砂、中粗砂层，底层多为微风化的花岗岩。

像豆腐花一样的淤泥在钻孔施工中非常容易垮塌，海水和淤泥的盐分含量非常高，对埋在海底地下的钢筋混凝土的腐蚀性非常强，如何解决这些问题呢？

大桥的设计师们通过调研和相关试验，采用在海面插打一个重度防腐蚀钢管，然后在钢管中钻孔灌注混凝土桩的工艺，由钢管与钢筋混凝土共同组成桩的基础结构——钢管复合桩。

（钢管标准壁厚为25毫米，在下部2米采用36毫米增厚加强处理，为了确保70年的涂层防护，钢管进行内外防护，外壁和内壁都采用高性能的材料作涂层。同时采用牺牲阳极的阴极保护系统，阳极材料选择高效铝阳极。）

经这样特别处理过的钢管穿过淤泥层，既保证施工质量，又提高了桩基础的长久耐用性。

第一步
25毫米厚钢板上卷

第二步
成型卷成钢管

第三步
焊接

第四步
切割成段

第五步
焊缝检测探伤

第六步
复检

第七步
除锈

第八步
防腐涂层

第九步
标示堆放

第十步
运输到施工现场

第十一步
钢管复合桩施工

第十二步
浇筑完混凝土的钢管复合桩

钢管制作和安装流程

丁丁、宁宁，你们看下图，青州桥两个主塔桥墩，这两个地方的钢管复合桩各有38根。正是因为有了这么多在大海里牢牢站立的"卫士"，我们的大桥才能经久耐用。

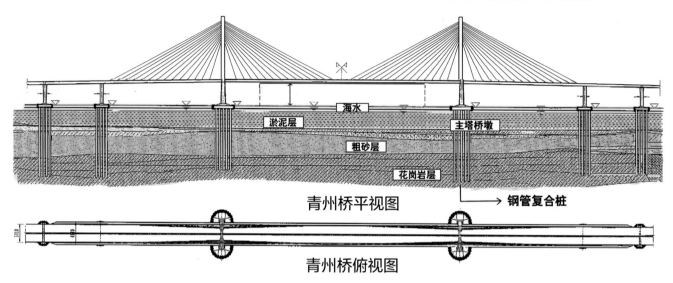

青州桥平视图

青州桥俯视图

当你们打开水龙头，将小手放在水龙头下挡水的时候，水花就会乱溅，这是因为你们的小手改变了水流的方向。同理，大桥的设计师为了避免大桥建成后影响原有的水流动力和方向，尽量减小对水的阻力，将大桥非通航孔桥梁的桥墩都埋在海床中，见下图：

图示桥墩承台没有露出水面

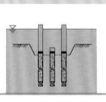

第一步：开挖海床，插打钢管。浇筑填芯混凝土后，拆除中间两根钢管桩上的替打段

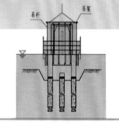

第二步：确定承台预留孔的实际尺寸，清除预制承台整体偏差，用吊架沉放预制承台

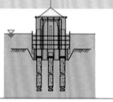

第三步：完成对承台的准确定位

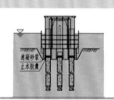

第四步：向钢管与承台间的止水胶囊注入高压水，胶囊止水后，低潮位时抽干承台内的水，向承台与钢管之间的缝隙（止水胶囊之上）灌筑速凝砂浆封堵

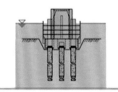

第五步：焊接。确保焊缝牢固后，拆除吊架、临时支撑等

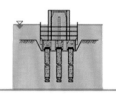

第六步：拆除余下钢管上的替打段，再切除钢管至设计标高，补强承台钢筋，浇筑桩位承台混凝土

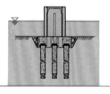

第七步：后浇混凝土在达到设计强度后，在围水结构里注水，拆除钢围水结构，回填基坑

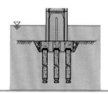

第八步：将上节段预制墩身运至桥位，完成墩身连接

下部桩基与预制承台墩身安装示意图

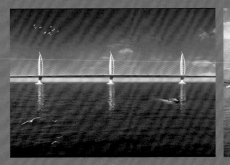

江海桥

九洲桥

青州桥

三个通航孔桥及深水区桥墩桩基础：有钢管段桩基直径2.5米（钢管桩长33.6~62米），无钢管段桩基直径2.2米。浅水区桥墩：有钢管段桩基直径2米（钢管桩长6.1~38.1米），无钢管段桩基直径1.8米。

海中主体工程使用钢管复合桩总数约1 900根！

建设完成的青州桥

通航孔桥墩露出水面，
非通航孔桥承台埋在海底淤泥中减少阻水率。

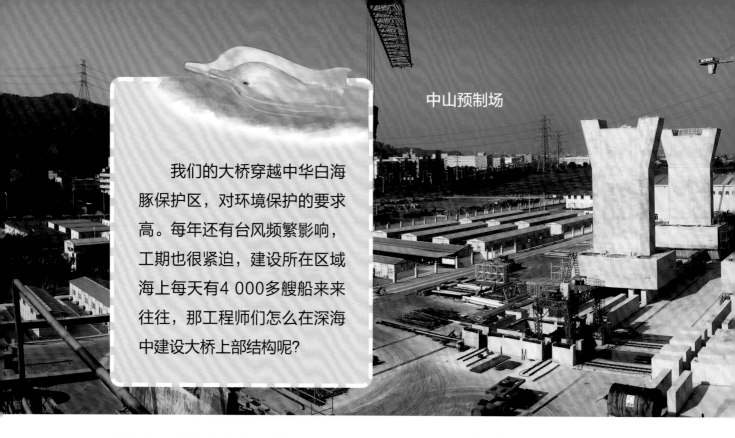

中山预制场

我们的大桥穿越中华白海豚保护区，对环境保护的要求高。每年还有台风频繁影响，工期也很紧迫，建设所在区域海上每天有4 000多艘船来来往往，那工程师们怎么在深海中建设大桥上部结构呢？

答案是：港珠澳大桥主桥长22.9千米，有3个固定的航道（大船可以通行的地方，水很深），即九洲航道、江海直达航道、青州航道。三个航道的主桥墩由于体积大、质量重，无法吊装，因此只能现场浇筑。

青州桥桥塔现场施工

而非通航孔（小渔船可以通过）的200多个桥墩则是在工厂预制好后运到现场安装，这样就减少了海面施工，同时也更好地控制了工程质量，减少海上污染。将部分水上施工转为陆域加工制造，充分保证大桥的建设质量和耐久性，也可加快大桥的施工进度。

承台及墩身工厂化整体预制

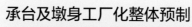

江海桥采用三塔独柱中央索面钢箱梁斜拉方案

九洲桥采用双塔独柱中央索面钢箱梁斜拉方案

青州桥采用双塔钢箱梁斜拉布孔方案

1. 桥梁板单元生产车间

2. 桥梁板单元焊接机器人

3. 桥梁U肋定位组装自动焊接机器人

4. 桥梁板肋定位组装自动焊接系统

5. 桥梁拼接底板

6. 桥梁拼接顶板

7. 桥梁小节段出胎

　　除了非通航孔的桥墩，大桥的桥梁（包括护栏），甚至埋在淤泥中的非通航孔桥墩承台也都是放在工厂里预制好的，像九洲桥和江海桥的主塔钢结构也是在工厂里预制的。至于大桥的沥青路面和交通工程辅助设施，则是在桥梁贯通后再进行施工的。

　　丁丁、宁宁，大桥各个部件制作好后，再由我们工程师将这些部件组装起来，是不是觉得我们修大桥有点像你们搭积木呢？对了，爸爸给你们买的新积木你们喜欢吗？

爱你们的爸爸

第 **8** 封信

施工过程中怎么保护白海豚?

亲爱的丁丁和宁宁:

听妈妈说上周末你们去海洋公园玩了,

看到了各种海洋生物,

你们最喜欢的就是海豚了,

还看了海豚的表演,

海豚能玩篮球、钻铁环、跳高,

还能和小朋友握手互动。

虽然海豚名字中有海,

可海豚不止能生活在海里哟,

就在珠江口也生活着一群可爱的中华白海豚。

中华白海豚是粉红色的,

长得非常可爱漂亮,

因为数量稀少,

被称为"水上大熊猫",

属于国家一级保护动物。

白海豚跟你们两个小家伙一样，
对新鲜事物特别好奇，
经常到我们工地附近看我们工作。

这不，昨天我们就遇到了白海豚，
为了防止施工对它们产生干扰，
工人叔叔们都停止了工作，
足足等了一个小时，
等它们玩够了游开后我们才继续工作。
我们这里有一条规定，
只要发现中华白海豚，
500米以内需要停工观察，
500米以外施工减速，
你们看白海豚的面子大不大？

施工运输船偶遇中华白海豚因而停工停航

我们不仅小心翼翼地呵护中华白海豚，

而且还给白海豚做了三座大"雕像"——三座"海豚塔"，

他们位于港珠澳大桥江海直达船航道桥（简称江海桥）。

你们仔细看看江海桥的海豚塔，

像不像跃出水面的三只白海豚？

我相信，

白海豚看见了他们模样的桥塔一定会非常开心的。

江海桥"海豚塔"

　　为了实现"白海豚不搬家"的承诺，我们非常注意环境保护。为了实现建设过程"零污染"、白海豚"零伤亡"，我们可是想了好多方法。

岛隧沉管安装会产生大量的疏浚弃土，为了减少开挖总量，我们对抓斗船的施工工艺进行改良，安装抓斗装备摄像头，并在施工中采用电脑控制，提高开挖精度，而且开挖的泥土要运到指定的堆填区进行倾倒。丁丁、宁宁你们喜欢玩抓娃娃机，可是每次都抓不起来，要是采用我们的技术，肯定就容易抓起来啦。

浇筑沉管

而且港珠澳大桥建设多采用预制拼装的施工方法，像搭积木一样，将在工厂已经制作好的桥梁和隧道组件运到现场拼接起来，这样就尽可能减少了施工现场的环境污染。

海底隧道沉管预制

你们看，其实有时候学习和游戏是相通的，
搭积木，实际上也是在学习一种技能。
刚刚听同事说又有中华白海豚来工地附近玩了，
我出去拍几张照片给你们发过去，
就先写到这里了。

爱你们的爸爸

第 9 封信 ✉

桥梁和隧道是怎样预先制作和拼装*好的呢?

亲爱的丁丁和宁宁:

　　妈妈说你们非常喜欢爸爸买的积木，除了会按照图片拼搭之外，你们还能按自己的想象拼成房子、飞机、坦克、塔吊、小桥等等，让妈妈惊喜不断。

前面爸爸给你们介绍了大桥桥梁部分和隧道部分的建设情况，那桥梁和隧道是怎么预制拼装的呢?

爸爸接下来就跟你们说说。

────────────

* "预先制作和拼装"文中简称"预制拼装"

一、桥梁的预制拼装

当前，我国大型设备装备制造能力和
船舶制造能力处于世界前列，
大桥工程师们也像你们玩积木一样，
将大桥划分成不同单元，
制作成"超大积木部件"，
利用超大型设备，
按设计师们的设计意图，
一步一步将大桥拼接建好。

浅水区桥墩整墩

浅水区桥墩整墩

深水区分段式桥墩

部分青州桥塔

江海桥"海豚塔"

钢箱梁桥体合拢段

钢箱梁桥体

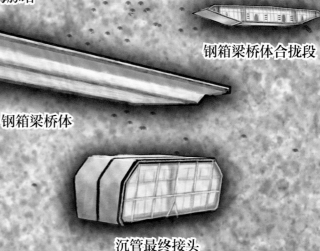

沉管管节

沉管最终接头

　　在桥梁部分中，大型的承台和墩身需要现场浇筑，然后将一块块拼接好的桥梁上部结构放在桥墩上固定好。而小的承台和桥墩，可以和桥梁上部结构一起在工厂预制。由于大桥项目庞大，施工承包单位多，大家分工合作各做一部分然后组合起来，这样可以提高效率。

　　预制好的桥梁承台及墩身通过大型船舶（1 000吨、2 000吨、3 000吨、7 000吨、8 000吨等运输驳船）运输到大桥对应位置，采用大型起重船（1 000吨、1 200吨、2 200吨、2 900吨、3 000吨、3 200吨）将预制好的桥梁承台及墩身吊起来与海中的钢管复合桩基础连接在一起。桥墩安装好后，再用大型运输驳船将工厂预制好的桥梁上部结构运输到大桥对应位置，由一到两台大型起重船将预制桥梁上部结构吊装到已安装好的桥墩上，然后进行桥面铺装——钢桥面防腐除锈、铺设沥青路面，最后是交通工程设施安装（道路标志标线、供水、供电、网络、路灯等施工）。以下是施工的一些照片。

（一）非通航孔上部桥体架设流程图

（1）插打钢管复合桩

（2）钢管复合桩上安装钻孔平台

（3）钢管复合桩内钻孔

（4）预制钢筋笼

（5）钻孔桩内放入预制好的钢筋笼后浇筑混凝土

（6）承台墩身（桥墩）的工厂化预制

（7）桥墩运输

（8）浅水区桥墩整墩吊装

（9）深水区分段式桥墩吊装

（10）车间内的钢箱梁桥体制作

（11）两台跨度62米、起升高度45米、单台额定起重2 000吨的大型龙门吊装船转运

（12）采用载重量18 000吨驳船装载，由4 000匹马力拖轮组成运输船组拖运到桥位进行吊装

（13）采用集控组合式液压模块车将钢箱梁桥体（防撞护栏已经安装）运送上载重量18 000吨的驳船，由4 000匹马力拖轮组成运输船组拖运到桥位进行吊装（小节段钢箱梁、钢锚箱、小构件采用较小运输船运输）

（14）非通航孔钢箱梁桥体吊装

（二）江海桥"海豚塔"的安装

（1）江海桥桥塔运输

（2）江海桥桥塔整体吊装段高105米，重约2 600吨，一次吊装到位

（3）江海桥"海豚塔"安装就位

（4）安装塔梁临时固定结构

（5）用浮吊分别安装各桥塔处梁段

（6）桥面吊机从驳船吊装梁段

（7）安装第二对拉索，边张拉边前移，吊机重复吊装和安装拉索

（8）吊装合龙段，完成全桥合龙

江海桥航道图

052

（三）桥面除锈喷涂防腐层，铺设沥青路面

（四）施工完毕的大桥桥梁工程

一起来看看岛隧工程、桥梁工程是怎样实现的吧

二、海底隧道的预制拼装

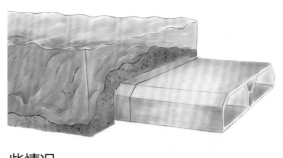

丁丁、宁宁，

了解了大桥桥梁的施工过程，

那么海底隧道又是怎样预制安装的呢？

第6封信中爸爸给你们介绍了沉管隧道的一些情况，

还记得吗？其实海底隧道的安装也像搭积木，只是因为在海底拼接，难度更大。

（6

（1）捷龙号专用清淤船，可在块石、碎石、黏土等不同类型基础面上清淤施工

（2）沉管管节采用工厂化制造，两条生产线集成了目前世界上最先进的技术和装备

（3）沉管安装船就位

（4）两艘沉管安装船携带沉管出坞

（5）（背景图）10艘全回旋安装拖轮拖运沉管（这样的工作要重复30多次）。此时由海事局对珠江口进行封航，禁止其他船舶通行。

在海中安装一节节的沉管，首先要把两个人工岛之间安放沉管的淤泥挖走，按设计技术要求做基础处理，铺设碎石基床。沉管的管节采用工厂化预制，预制完成的管节先放在工厂浅坞内，然后起浮、横移至深坞内，随后逐节浮运至安装现场，沉放到预先铺设好的碎石基床上，与人工岛暗埋段或已安装的管节完成对接后，立即进行管外锁定回填（在沉管两侧回填碎石以固定沉管，两侧填满后沉管上面也要回填碎石，然后沉管内注水下沉的水箱才能拆除，而且拆除了马上就要浇筑压重混凝土，以防止沉管上浮），最后进行隧道内装工作。

与西人工岛对接

（7）沉管安装船抛锚固定

（8）管节沉放、对接

（9）沉管水下沉放对接

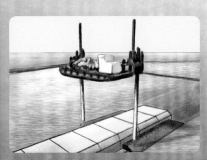

（10）沉管拉合

（11）管外锁定回填

丁丁、宁宁，大桥现场施工高峰时有1万多人，大大小小的施工船舶有几百艘，经过九年的艰苦施工，期间还遭受"天鸽"和"山竹"两个超强台风的考验，大桥岿然不动，没有遭受到重大损失，大桥如同一条巨龙盘踞在湛蓝的大海上。在建设过程中，咱们大桥人克服了许多世界级难题，集成了世界上最先进的管理技术和经验，保质保量完成了任务，大桥项目得到了国家主席习近平的高度评价。作为其中的一名建设者，爸爸感到非常自豪。

爱你们的爸爸

（12）12 000吨起重船吊装
6 000吨最终接头进行沉放

（13）完成内装的沉管隧道

第 10 封信

港珠澳大桥的监测与维护管理

亲爱的丁丁和宁宁：

经过了几万人十来年的艰辛努力，

凝结着中国工程师智慧和毅力的港珠澳大桥终于建成通车了。

你们之前问爸爸这座复杂的

大桥要使用120年以上，

这么长的时间里会经历很多台风甚至还有地震，

那我们怎么知道大桥有没有遭受到破坏了呢？

GPS
双向加速度计
温湿度仪

压力变送器
应变计
温度计

压力变送器
应变计
温度计

压力变送器
双向加速度计
单向加速度计

温湿度仪
双向加速度计
单向加速度计

索力计

三向超声风速仪
温湿度仪
GPS
压力变送器
双向加速度计
单向加速度计
应变计
温度计

压力变送器
应变计
温度计

应变计
温度计

三向加速度计
地震记录仪

这个问题爸爸和其他工程师们早在设计的时候就已经认真考虑过了，我现在画个图给你们介绍一下。看到图中红色的标注了吗？这些红色的圆点是在大桥、隧道甚至是人工岛上布置的"感应装置"，这和你们平时用的可穿戴设备类似，我们叫它们传感器，传感器可以让我们实时感知并监控桥梁的健康状态。

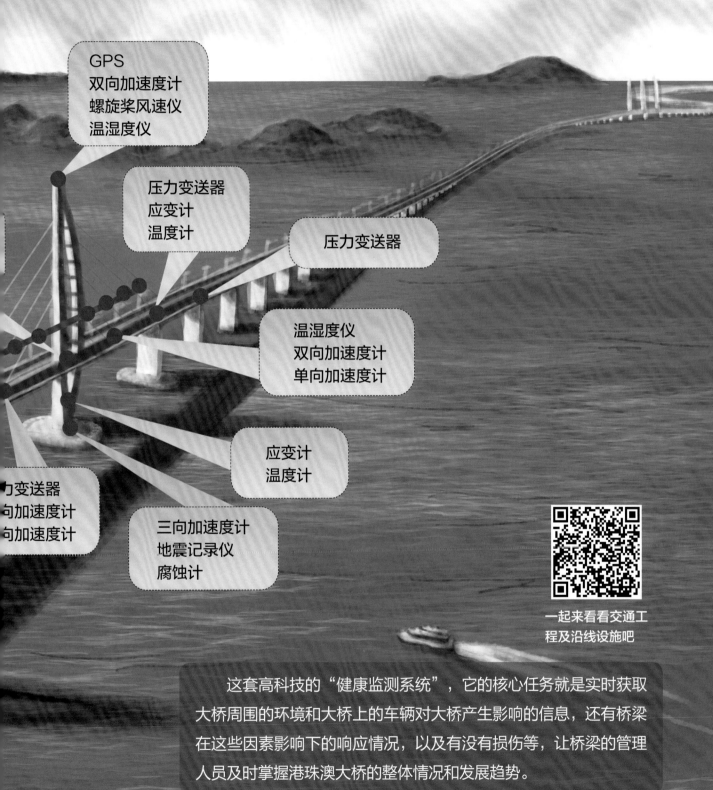

GPS
双向加速度计
螺旋桨风速仪
温湿度仪

压力变送器
应变计
温度计

压力变送器

温湿度仪
双向加速度计
单向加速度计

应变计
温度计

力变送器
句加速度计
句加速度计

三向加速度计
地震记录仪
腐蚀计

一起来看看交通工程及沿线设施吧

这套高科技的"健康监测系统"，它的核心任务就是实时获取大桥周围的环境和大桥上的车辆对大桥产生影响的信息，还有桥梁在这些因素影响下的响应情况，以及有没有损伤等，让桥梁的管理人员及时掌握港珠澳大桥的整体情况和发展趋势。

工程师们在查看桥梁安装情况

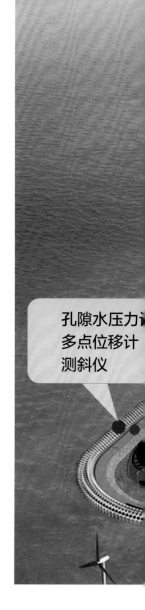

孔隙水压力计
多点位移计
测斜仪

　　大桥的管理人员不用在桥上蹲守，因为桥上的这些传感器会自动把它们感应到的情况汇报到监控中心，管理人员在房间里就随时可以看到汽车在桥上行驶的情况，如果桥上的任何位置发生了车祸等事故，都能及时发现并指挥救援。通过这些传感器，还能知道桥上的温度、湿度，以及桥梁的受力和变形情况等。

隧道结构监测系统

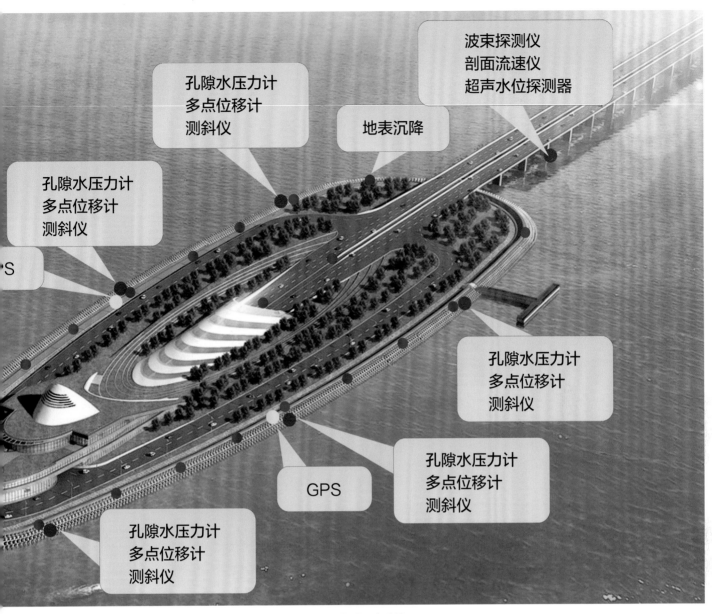

波束探测仪
剖面流速仪
超声水位探测器

孔隙水压力计
多点位移计
测斜仪

地表沉降

孔隙水压力计
多点位移计
测斜仪

S

孔隙水压力计
多点位移计
测斜仪

GPS

孔隙水压力计
多点位移计
测斜仪

孔隙水压力计
多点位移计
测斜仪

人工岛结构监测系统

大桥健康监控中心

但是光靠这套"健康监测系统"还不能让人完全放心，检测工程师还要定期给大桥做全面的"健康体检"，他们就像勤劳的小蜜蜂一样，去到大桥的每个角落，检查大桥有没有什么地方出现了损坏，判断要不要及时维修。

索塔上的爬索机器人

而且借助先进的"爬索机器人"和"检测无人机"等设备的帮助，还能检测一些工程师不方便去到的位置，从而确保对大桥进行全方位的检查。

爬索机器人

大桥通车前或使用了很长一段时间后，
有时会临时暂停通车，
让检测工程师开展一种叫"荷载试验"的检测，
工程师们将计算桥梁最多会有多少辆及多重的车同时在桥上，
然后在保证大桥安全的前提下安排很多几十吨重的大车
逐渐开到大桥上去，
以检测大桥是不是安全可靠。
确保大桥没问题后，
再让大车陆续开走并重新开放交通。

爸爸和其他工程师们会通过多种多样的方法，
保证大桥健健康康地能用120年以上，
到那时还会有其他的工程师爸爸继续给
他们的孩子们讲这座大桥的故事。

爱你们的爸爸